Ralph Bates

Compañero Sagasta brennt eine Kirche ab

Reportage aus den ersten Tagen des Spanischen Bürgerkriegs

und

AF547831

Der rote Elfenbeinturm

Ein Radiofeature von Peter Hillebrand über die Wiederentdeckung von Ralph Bates

Comino Verlag

Umschlagfoto
Kloster San Agustín in dem zerstörten Ort Belchite Viejo, dessen Ruinen seit Kriegsende als Mahnmal dienen
© Enrique López-Tamayo Biosca /flickr (CC BY 2.0)
https://creativecommons.org/licenses/by/2.0

Compañero Sagasta brennt eine Kirche ab
© Jonathan Bates
Übersetzung : Wulf Teichmann

Der rote Elfenbeinturm
© Peter Hillebrand

Alle Rechte vorbehalten
© 2016 Comino-Verlag, Berlin
comino-verlag.de
info@comino-verlag.de
1. Auflage
ISBN 978-3-945831-09-0

Auch als ebook erhältlich
ISBN 978-3-945831-10-6

Inhalt

Ralph Bates, 1937

© Eve Salzman

Vorwort

Die literarische Reportage *Compañero Sagasta brennt eine Kirche ab* erschien am 13. Oktober 1936 in der britischen Zeitschrift *Left Review,* die herausgegeben wurde von der kommunistischen International Union of Revolutionary Writers. Zu diesem Zeitpunkt war Ralph Bates ein bekannter Schriftsteller. Unmittelbar vor dem Ausbruch der Revolution und des Bürgerkriegs war sein Roman *The Olive Field* erschienen, in dem er die Geschichte von zwei anarchistischen Arbeitern erzählt. Insbesondere die nach Spanien strömenden englischsprachigen Freiwilligen lasen den Roman als Einführung in das politische Leben Spaniens. Valentine Cunningham veröffentlichte die Reportage erneut 1986 in der Anthologie *Spanish Front – Writers on the Civil War* zusammen mit Texten u. a. von George Orwell, Graham Greene, Arthur Koestler, Gustav Regler, W. H. Auden und Ernest Hemingway.

Die deutsche Übersetzung von Wulf Teichmann wurde bei einer von Helma Schleif betreuten Veranstaltung des Deutschen Historischen Museums in Berlin am 6. Juli 1996 von Christian Brückner gelesen und erscheint hier erstmals im Druck. Die Ralph Bates gewidmete Veranstaltung, zu der er aus New York anreiste, fand statt im Rahmen der Ausstellung *Kunst und Macht im Europa der Diktatoren 1930 bis 1945.*

Das Manuskript des am 17.9.1996 erstmals von DeutschlandRadio Kultur ausgestrahlten Radiofeatures *Der rote Elfenbeimturm – Die Wiederentdeckung von Ralph Bates* gibt einen Überblick über das Leben, das Schreiben und das politische Wirken von Ralph Bates und hilft so, seine Motivation und die politischen Verhältnisse in Spanien zu verstehen.

Ralph Bates starb am 26. November 2000 im Alter von 101 Jahren in New York City.

Der rote Elfenbeinturm

Die Wiederentdeckung von Ralph Bates

Ein Radiofeature von Peter Hillebrand
Erstsendung: DeutschlandRadio Kultur am 17.9.1996
Länge: 55 Minuten

Erzähler

Eine beiläufige Bemerkung weckte meine Neugier, versteckt in einem Nebensatz eines Vorwortes zu dem Buch *Geburt unserer Macht* von Victor Serge. Der ungenannte Verfasser des Vorwortes stellte einen Vergleich an.

Zitator

Der Leser, der das Glück hat, mit dem klassischen Roman des spanischen Anarchismus der dreißiger Jahre, *The Olive Field* von Ralph Bates, vertraut zu sein, wird in den Anfangskapiteln ...

Erzähler

Klassischer Roman des spanischen Anarchismus! Von Ralph Bates? ... Über das Spanien der dreißiger Jahre wurden viele Bücher geschrieben, hauptsächlich über den Bürgerkrieg. Auch wenn man nur einige, einen Bruchteil davon gelesen hat, hat man Titel, Themen und Autoren im Kopf. Aber auf einen Ralph Bates war ich noch nie gestoßen.

Den Kampf gegen die von Franco angeführten Truppen sahen die aus ganz Europa angereisten Freiwilligen, unter ihnen viele Schriftsteller, als die letzte Gelegenheit, die Ausbreitung der faschistischen Herrschaft in Europa zu stoppen. Ohne Erfolg. Mit dem Sieg Francos wurde aber nicht nur eine entscheidende Schlacht im Kampf gegen den Faschismus verloren, sondern eine der ungewöhnlichsten und radikalsten sozialen Bewegungen Europas wurde ausgelöscht – der spanische Anarchismus.

Während die Arbeiterorganisationen in Europa praktisch alle nach marxistischer Idee die Macht im Staat erobern wollten, kämpfte die Arbeiterbewegung in Spanien, mitunter sehr gewaltsam, für die radikale Zerstörung des Staates und der mit dem Staat aufs engste verflochtenen katholischen Kirche. Die überwältigende Mehrheit der spanischen Arbeiter gehörte der anarchistischen Gewerkschaft C.N.T. an. Ihr Ideal einer herrschaftsfreien und solidarischen Gesellschaft versuchten sie schon in ihren Organisationen zu verwirklichen. So hatte die anarchistische Gewerkschaft zwar mehr als eine Million Mitglieder, aber geademal eine Handvoll bezahlter Funktionäre.

Und über diese untergegangene Welt der sozialen Revolte und radikalen Utopie soll es einen Roman, einen klassischen Roman geben!

In der Berliner Staatsbibliothek bringe ich mehr über das Buch und dessen Autor in Erfahrung. *The Olive Field* erschien erstmals 1936 in dem renommierten englischen Verlag Jonathan Cape. In Deutschland konnte es selbstverständlich während der Nazi-Zeit nicht erscheinen. Nach 1945 existierte weder in der Bundesrepublik noch in der DDR ein Interesse an dem Thema. Bis heute ist von Ralph Bates nichts in Deutsch erschienen. Selbst eine englische Ausgabe ist nicht mehr im Buchhandel erhältlich – weder in England noch in USA.

Bin ich einer irreführenden Übertreibung aufgesessen? In den Nachschlagewerken neueren Datums gibt es zu Ralph Bates keinen Eintrag. Ich nehme mir die älteren vor. Bis 1971 muss ich zurückgehen, um endlich im *Penguin Companion to Literature* ganze zwanzig Zeilen über ihn zu finden.

Zitator

Romanautor. 1899 in Swindon, England, geboren. Nach dem Dienst in der Armee im Ersten Weltkrieg arbeitete er in den Werkstätten der Great Western Railway. Er lebte in Spanien von 1923 bis zur Machtübernahme Francos. Mitglied der Internationalen Brigaden. Sein erster Roman *Sierra* erschien 1933 und spielt wie die meisten seiner Romane in Spanien.

Erzähler

Es folgt eine Liste mit Titeln. Die letzte Veröffentlichung ist von 1950. Ansonsten heißt es nur lapidar, er habe bis 1966 an der Universität von New York Literatur gelehrt. Ein Todesjahres ist nicht angegeben.

Etwas informativer ist der Eintrag in *Choice*, dem Magazin der American Library Association von 1966.

Zitator

Der Roman *The Olive Field* erzählt, wie sich die politischen Unruhen in Spanien zu Anfang der dreißiger Jahre auf das Leben einer Gruppe von andalusischen Landarbeitern auswirkt. Gewalt, plötzlicher Tod und Liebe kontrastieren in dem Buch mit einer fast lyrischen Beschreibung der Landschaft und der Arbeit in den Olivenhainen. Präzise, fast distanziert werden die grausamsten Ereignisse mit stoischer Objektivität erzählt. Hinter dieser Maske ist aber die Liebe des Autors zu diesen Menschen und sein Hass auf ihr Schicksal immer gegenwärtig. Es gibt nur sehr wenige Bücher von englischsprachigen Autoren, die

Spanien angemessen beschreiben, und noch weniger über Spanien in den dreißiger Jahren. *The Olive Field* gehört dazu wie Hemingways *Wem die Stunde schlägt* und Orwells *Mein Katalonien.*

Erzähler

Am Schluss des Eintrags heißt es, dieser Roman gehöre in alle Schulbibliotheken. Also doch ein Klassiker! Ich setze den Apparat der Fernleihe in Gang und erfahre nach mehreren Monaten, dass der Roman in einer deutschen Bibliothek nicht aufzutreiben ist. Aber bevor die Suche auf das Ausland ausgedehnt wird, musste sichergestellt werden, dass das Buch in Deutschland nicht existiert.

Je älter die Nachschlagewerke umso umfangreicher und positiver werden die Einträge. Zum Beispiel in dem 1942 von Stanley Kunitz herausgegebenen Werk *Twentieth Century Authors.*

Zitator

Es überrascht nicht, dass Bates unter den Chronisten des vergangenen unruhigen Jahrzehnts in Spanien als der wahrscheinlich am besten informierte herausragt – noch nicht einmal André Malraux oder Ernest Hemingway ausgenommen. Er kennt das Land sehr genau, das Volk und die radikale Arbeiterbewegung. Er ist ein geborener Schriftsteller mit erzählerischem Talent und brillantem Stil.

Erzähler

Kunitz illustriert den Artikel sogar mit einem Foto: Bates im Anzug, mit weißem Hemd und Krawatte. Zusätzlich liefert er eine Beschreibung, die darauf schließen lässt, dass er Bates persönlich kennengelernt hat.

Zitator

Er sieht aus wie ein Schulrektor vom Land oder wie ein Geschäftsmann aus einer Kleinstadt, eher untersetzt, hellbraunes Haar, gestutzter Schnurrbart und Brille. Seine Stimme ist tief und eher monoton.

Erzähler

Im *Literary Digest* von 1936 heißt es, unter den lebenden Schriftstellern gebe es keinen, der besser die zähe Härte des alltäglichen Überlebenskampfes genau in Augenschein nehmen und darüber berichten kann, ohne spröde intellektuelle Herangehensweise.

Dank Fernleihe bekomme ich endlich nach über einem Jahr aus der Universitätsbibliothek Hull eine Ausgabe von *The Olive Field* und kann mir selbst einen Eindruck verschaffen.

Sprecher Ralph Bates

Am Samstagnachmittag ging Mudarra nach seiner Siesta runter zur »Posada de Sevilla«, um dort auf den Sechs-Uhr-Bus aus Puente Nuevo zu warten, mit dem Aguiló kommen würde. Es war zwar erst fünf Uhr, aber er liebte es, das geschäftige Treiben im Hof der Posada zu beobachten.

Der Gasthof »Posada de Sevilla« war der größere der beiden alten Gasthöfe der Stadt und lag unmittelbar neben dem Sevilla-Tor. Davor befand sich ein kleiner Platz, der in längst vergangener Zeit für einen militärischen Zweck angelegt wurde, aber jetzt den Bussen und den wenigen Automobilen, die es nach Los Olivares verschlug, als Halteplatz diente und damit der Posada Gäste brachte. In dem Gasthof verkehrten ansonsten die Maultiertreiber, Viehhändler, Handwerker auf Wanderschaft, Bauern, die in die Stadt kamen, die Quacksalber der Märkte und die armen Händler. Kurz gesagt, es war der Gasthof für Leute, die nichts dagegen einzuwenden hatten, dass ihr Gasthof ein exaktes Ebenbild der gewalttätigen und rastlosen Welt ist, in der sie lebten, und die sich von der kleinen Unannehmlichkeit, von Wanzen aufgefressen zu werden, nicht abschrecken ließen. Das zweistöckige Gebäude des Gasthofes umschloss einen viereckigen Innenhof, den man durch eine große, rechteckige Tordurchfahrt erreichte. Die Durchfahrt wurde nachts mit einem wuchtigen Holztor geschlossen, das von Bolzen und Nieten zusammengehalten wurde, anstelle der alten, wunderschön geschmiedeten Nägel, die nach und nach an Sammler der antiken Schmiedekunst verkauft worden waren. Die Gebäudefront hatte nur ein Fenster, das aus dem siebzehnten Jahrhundert stammte und vor dem nachträglich im neunzehnten Jahrhundert ein schmaler Balkon angebracht worden war. Die Bretter der Balkonbrüstung waren so zugesägt, dass sie den Eindruck einer gedrechselten Balustrade erweckten. Zu Tageszeiten, wenn Reisende zu erwarten waren, konnte man dort gewöhnlich La Gorda, die Frau des Gastwirts Vicente Molinos, sitzen sehen. Zu diesen Zeiten konnte man sie außerdem auch hören, vom entfernten Zentrum der Stadt aus bis hin zum Plaza de San Salvador.

Die Durchfahrt der Posada war hoch genug für einen Mann auf einem Pferd und breit genug, dass die von Maultieren gezogenen Karren, die an Markt- und Festtagen eintrafen, in den Hof gelangen konnten. Sie war gepflastert mit kleinen ovalen Steinen, deren Kanten nach oben ragten und Funken sprühten, wenn die kräftigen, aufrecht sitzenden, andalusischen Maultiertreiber, in deren Gesichter die Bartstoppeln bläulich schimmerten, mit wilden Rufen und an den Zügeln zerrend hereingaloppierten. Die harten Beinmuskeln spannten den Stoff ihrer engen Hosen, und die dunklen haarigen Hände tätschelten die Nacken der Tiere oder hingen locker an der Seite herunter. Auf dem aus gröberen Steinen gefertigtem Pflaster des Hofes rutschten und stolperten die Tiere. Der verrottende Dreck aus Staub und Mist in den Ritzen zwischen den Steinen bildete den Brutplatz für die Fliegenschwärme, die über dem offenen Abfluss in der Mitte summten.

Um den Hof herum und zu ebener Erde befanden sich die Ställe, die Räume für das Zaumzeug und ein Abstellraum für die Karren. Dort schliefen oft die jüngeren Maultiertreiber oder runzelige Bauern, die, mit der Weisheit ihrer Großväter und zukünftiger Enkel versehen, niemandem über den Weg trauten und auch nicht erwarteten, dass irgendjemand ihnen vertraute.

Um den ganzen Hof herum zog sich in Höhe des zweiten Geschosses eine Galerie. In den unbelüfteten Räumen, die nur zu dieser Galerie hin eine Öffnung hatten, schliefen die gewöhnlichen Reisenden. Da gab es kein kleinliches Bedürfnis nach Privatsphäre unter den Männern und Frauen. Die meisten Räume waren in mehrere Nischen aufgeteilt, vor denen ein Tisch mit wackligen Stühlen für alle stand. Nachts beherbergte ein solcher Raum in einer Nische einen alten Bauern mit seiner Frau, einen fahrenden Zimmermann mit seiner jungen Geliebten zu ihrer Linken und einer Gruppe lauter Maultiertreiber zu ihrer Rechten. Es gab auch keine Scham. Das rhythmische Quietschen eines Bettes in der Dunkelheit wurde mit Schnarchen beantwortet, eine Frau im Nachtgewand würde nicht zurückschrecken vor den betrunken daherquasselnden und laut singenden Maultiertreibern, die nachts um eins hereinpoltern und ihre Gürtel und Stiefel auf den Boden knallen. Die Vorhänge vor den Nischen waren selten zugezogen. Diese Menschen waren klug. Sie schliefen mit ihrem Geld unter dem Kopfkissen und ihren Sachen unter dem Bett. Sie freuten sich über die saubere Bettwäsche und fluchten über die Wanzen, aber unternahmen nichts dagegen.

Innerhalb des Gebäudes war die große Küche der Mittelpunkt allen Interesses. Aber La Gorda erlaubte niemandem diese zu betreten. Eindringlinge wurden von ihr mit einem Fußtritt hinausbefördert oder mit einer lang anhaltenden Tirade fürchterlichster Beschimpfungen vertrieben. Am Eingang standen dann die Maultiertreiber und Krämerseelen, brüllten und fluchten und lachten über die Köche, aber behielten dabei fast immer ihre gute Laune.

Fröhliche Angriffslust war die Art, in der man in diesem Gasthof aufeinander zuging, was leicht in herrisches Verhalten umkippen konnte, wenn ein Mann davor zurückwich. Solche Streitereien lösten sich meist von selbst. Alle anderen wurden geregelt von Vicente, schlank, kräftig, schnurrbärtig und kurzangebunden, La Gorda, korpulent, hart und unflätig, Carlos, dem zweiten Sohn, und Asunción, der ältesten Tochter, die es mit jedem Mann aufnehmen konnte, wie die Maultiertreiber beifällig erzählten.

Erzähler

Ralph Bates erzählt die Geschichte der Anarchisten Mudarra und Caro, die als Tagelöhner im Olivenhain eines aristokratischen Großgrundbesitzers arbeiten und durch ihre aufrührerischen Aktivitäten mit der Staatsgewalt in Konflikt geraten. Sie bemühen sich zwar nach ihren anarchistischen Idealen zu leben, aber als Anhänger der freien Liebe muss Caro auch mit der Tatsache fertig werden, dass seine Verlobte Lucia von seinem besten Freund ein Kind bekommt. Die libertären Ideen helfen ihm nicht aus der emotionalen Zwickmühle, die seine Liebe zu zerstören droht.

Ralph Bates verteilt die Tugenden und Sympathien nicht nach der Messlatte der »political correctness«. So verbindet die Liebe zur mittelalterlichen Gitarrenmusik den leidenschaftlichen Gitarristen Mudarra mit seinem Großgrundbesitzer Don Fadrique, einem kultivierten Sammler alter Notenblätter. Mudarra hält das aber nicht davon ab, nach dem Privatkonzert im Schloss mit Dynamit gegen den Besitz seines Förderers vorzugehen, wie auch der Aristokrat sich umgekehrt einen Dreck um die Not seiner Arbeiter schert.

Not und politische Verfolgung verschlägt die beiden Freunde in die Bergwerke Asturiens, wo sie den Streik von 1934 miterleben. Die Brutalität, mit der Streik und Aufstand der Bergarbeiter niedergeschlagen werden, bringt die wegen Lucia zerstrittenen Freunde wieder zusammen. Die Gewaltszenen im Roman erscheinen wie ein visionärer Blick auf das, was Spanien noch bevorstand – Massaker, Bombardierung von Städten, mit erbitterter Feindschaft ausgetragene Kämpfe, kurz: Revolution und Bürgerkrieg.

Als Bates 1935 *The Olive Field* schrieb, stand er politisch den Kommunisten nahe. Aber in dem Roman ergreift er weder Partei für die Kommunisten, noch macht er sich eine kommunistische Sichtweise zu eigen. Es gibt keine Helden, schon gar keine positiven, und ein Sieg, gar ein historisch unvermeidlicher, ist nicht abzusehen. Ein ganzer Ort ist in ständiger Bewegung: Aufruhr, Feste und Überlebenskampf.

Die durch den Sieg Francos restlos zerstörte Welt der anarchistischen Arbeiter Spaniens wird in dem Roman lebendig, ihr Glauben an die radikale Veränderbarkeit der Gesellschaft ist nachvollziehbar und ihr rückhaltloser Einsatz für die Beseitigung von Staat und Kirche, von Herrschaft überhaupt, weckt Bewunderung, so naiv und weltfremd der Anarchismus heute erscheinen mag.

Wie konnte ein Schriftsteller wie Ralph Bates so total in Vergessenheit geraten? Lebt er vielleicht noch? Geboren wurde er 1899, im gleichen Jahr wie Hemingway. Wenn er noch lebt, ist er so alt wie unser Jahrhundert. Ich schreibe den noch existierenden Verlag Jonathan Cape an. Keine Antwort. Auch telefonisch komme ich nicht weiter, niemand fühlt sich zuständig und ein Archiv hat der Verlag angeblich nicht. Ich gehe davon aus, dass Bates nicht mehr lebt. Da ich weder Übersetzer noch Verleger bin, also kein Verwertungsinteresse am Roman habe, lasse ich die Sache auf sich beruhen.

Erst als ich 1995 zum ersten Mal nach New York reiste, erinnerte ich mich an die letzte Station von Ralph Bates. Bis zu seiner Pensionierung im Jahre 1966 lehrte er Literatur an der New York University. Schon nach drei Tagen habe ich eine, allerdings schon über zehn Jahre alte Telefonnummer. Eine Frauenstimme teilt auf dem Anrufbeantworter mit, dass die Familie Bates zur Zeit in Italien sei. Ich rufe gleich die angegebene Nummer in Italien an. Eve Bates, die Frau, die er 1940 heiratete, antwortet. Meiner etwas peinlichen Frage, ob ihr Mann noch lebe, kommt sie zuvor. »Ralph! Für Dich!«, ruft sie laut. In der Zeit, die er braucht, um ans Telefon zu kommen, stelle ich ihr mein Anliegen vor. »Sie wissen doch wohl, wie alt er ist?«, fragt sie. »Ja, fast 96.« »Na dann vergeuden Sie doch keine Zeit und kommen nach Italien!«

Zwei Wochen später treffe ich Ralph Bates in der Nähe von Florenz. Zögernd und sprunghaft erzählt er Aspekte seiner Lebensgeschichte. Zum ersten Mal seit über fünfzig Jahren spricht er mit einem Fremden über seine Erfahrungen im Spanischen Bürgerkrieg und seine Abkehr vom Kommunismus noch während des Krieges. Der Verlust seiner kommunistischen Überzeugung ließ ihn verstummen. Er hatte sich vorgenommen, über Bürgerkrieg und Revolution einen Roman zu schreiben, dies aber nie geschafft. Der Verlust Spaniens, seiner zweiten Heimat, hat ihn zutiefst getroffen.

Zum Radikalen war er im Ersten Weltkrieg geworden. Als einfacher Soldat bekommt er eine Spezialausbildung für Giftgas. Er lernt sehr bald, seine Vorgesetzten mehr zu hassen als den Feind. Die rigide Klassengesellschaft Englands empfindet er nach der Rückkehr als unerträglich, zumal England von den revolutionären Umwälzungen in Europa nicht berührt wird. Er reist durch Europa, kommt nach Spanien.

Sprecher Ralph Bates

Hier konnte man über alles offen reden. In England ging man als Ungläubiger einfach nicht zur Kirche und murrte vor sich hin. In Frankreich konnte man schon deutlicher werden. Aber ein Ungläubiger in Spanien wollte eine Kirche anzünden, während die Gläubigen die Inquisition zurückwünschten. Das war die Haltung. Wir, die Ungläubigen, die Rebellen waren stark genug, um uns zu wehren.

In Barcelona herrschte in den zwanziger Jahren praktisch Bürgerkrieg zwischen drei bewaffneten Banden: Die Pistoleros der Unternehmer, die auf die bewaffneten Leute der Gewerkschaft schossen, die wiederum auf die Polizei und die Polizei, die sich Gefechte lieferte mit den Pistoleros oder uns oder mit beiden.

Für einen Anarchisten war es selbstverständlich, permanent zu revoltieren. Jeder Streik wurde von Schießereien begleitet. Besonders im Hafen, wo die anarchistische Gewerkschaft die Arbeit einteilte und nicht die Unternehmer. Wenn es nicht mehr genug Arbeit für alle gab, dann arbeiteten eben alle weniger, alle nur noch drei Tage in der Woche. Die Gewerkschaft der Hafenarbeiter ließ es nicht zu, dass jemand entlassen wurde, sagen wir mal vierhundert sollten entlassen werden, um die anderen dreihundert Arbeiter weiterbeschäftigen zu können. Das gab es nicht.

Irgendwann hatte ich die Arbeit im Hafen satt. Ich wollte mehr von Spanien sehen. Ich kaufte mir eine Tasche mit Werkzeug und reiste kreuz und quer durch Spanien, über ein Jahr lang und zu Fuß. Wenn ich in den Dörfern keine Arbeit fand, verdiente ich mir meinen Lebensunterhalt mit Geschichtenerzählen. Ich pries mich in einer phantastischen Sprache an und erzählte dann Geschichten, die meisten aus der großartigen spanischen Literatur: Don Quichote und Sancho Pansa, Geschichten aus der Abenteuerliteratur des siebzehnten Jahrhunderts.

Erzähler

Ab 1923 lebt er fast durchgängig in Spanien. In einem Fischerdorf in der Nähe von Barcelona engagiert er sich beim Aufbau einer Genossenschaft. Gleichzeitig schreibt er Kurzgeschichten und eine vielbeachtete Biographie über Franz Schubert. Die Dorfbewohner geben ihm den Spitznamen »El Fantastico«.

Sprecher Ralph Bates

Ich bin mir nicht sicher, ob man mich mit diesem Namen verspotten wollte oder bewunderte. Das hatte etwas damit zu tun, dass ich oft den ganzen Tag an einer Sache und die ganze Nacht an einer anderen arbeitete. Ich schien nie zu schlafen. Manchmal arbeitete ich eine ganze Nacht als Fischer, dann wieder nächtelang an einem Buch, verbrachte ein oder zwei Stunden in einem Café und arbeitete den Tag über im Weinberg. Den Spaniern kam es so vor, als arbeitete ich vierundzwanzig Stunden am Tag.

Erzähler

Seinen ersten Roman *Sierra* schreibt er in Spanisch, findet aber keinen Verleger. Also schreibt er ihn noch einmal in Englisch. 1933 erscheint *Sierra* in England und Bates etabliert sich damit sofort in der englischen Literaturszene.

Sprecher Ralph Bates

Ich erinnere mich, dass ich bei einer Sitzung des PEN-Club nicht als Künstler bezeichnet werden wollte. Ich sah mich als politischen Aktivisten. Schon seit langer Zeit machte ich Gewerkschaftsarbeit, aber durch meine ersten Erfahrungen in Spanien hatte ich angefangen, politisch zu denken. Das war lange bevor ich *The Olive Field* schrieb. Zu dieser Zeit bezeichnete ich mich als freien, parteilosen Kommunisten.

Erzähler

Als Schriftsteller an seiner Heimat England orientiert, ist er gleichzeitig eingebunden in das politische Leben in Spanien.

Sprecher Ralph Bates

Ich baute selbständig eine Art Abendschule für Arbeiter auf. Der Unterricht fand in Räumen am Plaza Real statt. Dieser wunderschöne alte Platz hatte eine lange Tradition als Zufluchtsort für politisch Verfolgte. Wieviel Polizisten auch hinter einem her waren, aus wieviel Wunden man auch blutete, wenn du es bis zum Plaza Real geschafft hast, warst du in Sicherheit. Kein Polizist betrat diesen Platz, aus gutem Grund. Es gab hier zu viele Waffen. Du musstest es nur bis hierhin schaffen und rufen. Da sind verrückte Sachen passiert.

Erzähler

Seine Sympathie für die Anarchisten ist ganz offensichtlich, gleichwohl hat er sich nie dieser Bewegung angeschlossen.

Sprecher Ralph Bates

Die Nutzlosigkeit der ewigen Revolte, die nie irgendwas erbrachte, hielt mich davon ab. Die Anarchisten hatten kein richtiges Programm. Bei jedem Aufruhr kam die Abneigung gegen die Kirche hoch und war die treibende Kraft. Nun, ich kann das ja verstehen. In Spanien ist die Kirche sehr dominierend.

Erzähler

Ralph Bates wuchs in einem katholischen Elternhaus auf, war als Kind sehr religiös. Mit 16 Jahren verlor er von heute auf morgen seinen Glauben. Ohne Hass und Bitterkeit war für ihn damit das Thema Religion abgehakt. Aber in Spanien lernt er Hass auf die Kirche kennen.

Der Putsch der faschistischen Generäle gegen die demokratische Republik im Juli 1936 löst einen Aufstand der Arbeiter aus. Während die meisten ausländischen Kämpfer erst Monate nach dem Ausbruch der Revolution nach Spanien kommen, ist Ralph Bates vor Ort.

Sprecher Ralph Bates

Ich war hoch oben in den Pyrenäen und zeltete mit meiner Frau in Els Encantats, den Verzauberten Bergen. Mit einem Hirten, der runter in das Dorf Espot ging, hatte ich vereinbart, dass er uns etwas zum Essen mitbringt. Als er kam, sagte er: »Viel konnte ich nicht bekommen. Unten in der Ebene ist Krieg.« »Zwischen wem?«, fragte ich. »Ich weiß nicht genau. Die Bischöfe und die Adligen sind auf der einen Seite, dann sind wir wohl auf der anderen.«

Wir gingen runter ins Dorf und hatten gerade noch Zeit, uns die Kirche mit ihren schönen Gemälden und dem Altar anzuschauen, als sechs Anarchisten vom Elektrizitätswerk unten im Tal hochkamen. Sie sprengten die Tür der Kirche auf und versuchten sie anzuzünden. Das klappte nicht. Die Kirche war aus massivem Stein. Also rissen sie den Altar raus, alles, schichteten es zu einem Scheiterhaufen auf, gossen Benzin darüber und zündeten es an. Einer brachte selbst die Hostie, die als der geweihte Leib Christi betrachtet wird. Er hielt sie hoch und warf sie ins Feuer. Das ganze Dorf war versammelt. Ich sah kein Anzeichen von Protest. Nichts außer einem irgendwie faszinierten, starren Blick in das Feuer, in dem alles Heilige verschwand. Es musste in diesem Dorf mit mehreren hundert Einwohnern mindestens dreißig Gewehre gegeben haben. Die sechs Anarchisten hatten nur Pistolen. Es wäre ein leichtes gewesen, sie zu überwältigen, wenn man bereit gewesen wäre zu kämpfen. Die Dorfbewohner aber starrten nur ins Feuer. Ab und zu schauderten sie etwas. Der Anführer der Anarchisten, in einem schicken Overall, ging zu einem reichen alten Bauern, dem Führer der Konservativen im Ort, zog eine Zigarre hervor und fragte: »Können Sie mir Feuer geben?« Und er gab ihm Feuer. Kein Anzeichen von Protest. Nun zogen sie los und suchten den Pfarrer, fanden ihn aber nicht.

Ich fürchtete mich nicht vor den Anarchisten. Ich konnte sie verstehen. Meine Frau hatte Angst. Dafür gab es aber keinen Grund. Solange man nichts gegen sie unternahm, hatte man von ihnen nichts zu befürchten. Die haben nicht wahllos Leute erschossen. Sie hatten ein ganz bestimmtes Ziel: Die Kirche niederbrennen. Die Kirche zerstören. Das Dorf von dieser verdorbenen Kirche befreien, die das Leben selbst verdirbt. Sie sahen die Kirche als die eigentliche Perversion. Für die Anarchisten war das Niederbrennen der Kirche eine reinigende Tat und keine willkürliche Gewalt. Die Priester waren die Ursache allen Übels.

Die anarchistische Bewegung war im Kern Christentum ohne theologische Grundlage und kirchliche Organisation. Sie sahen den Menschen in seinem Ursprung und Wesen als gut an. Der Mensch sei fähig, sich ohne Gesetze vernünftig zu verhalten, sofern er frei von religiösem Aberglauben ist.

Die philosophische Idee dafür beruht auf Sokrates, der in einem Dialog mit Platon auf die Frage nach der Ursache allen Übels antwortete: »Die Unwissenheit.« Er sagte nicht:

»Das Böse im Herzen des Menschen.« Nein. Die Menschen handeln böse, weil sie es nicht besser wissen. Wüssten sie es, dann würden sie es nicht tun. Diese Überlegung eröffnet die Möglichkeit, mit Erziehung Veränderungen in die Wege zu leiten, politische Erziehung und so weiter.

Erzähler

Ralph Bates geht nach Barcelona, um gegen Francos Truppen zu kämpfen. Einer seiner wenigen Texte über seine Erlebnisse im Bürgerkrieg ist eine literarische Reportage, die er über die ersten Tage der Revolution unmittelbar nach den Ereignissen für eine englische Zeitschrift schreibt.

[Im Radiofeature wird hier der Teil der Reportage *Compañero Sagasta brennt eine Kirche ab* gelesen, in dem es um die Kämpfe in Barcelona geht.]

Erzähler

Nur kurze Zeit kämpft er an der Front in Aragon. Als Mitglied der sozialistischen Partei PSUC, die schon sehr bald kommunistisch wird, geht er zum Aufbau der Internationalen Brigaden nach Madrid. Bei der Verteidigung des Universitätsviertels lernt er Gustav Regler und Hans Beimler kennen. Sein Freund und Schriftstellerkollege Ralph Fox fällt wie Beimler im Dezember 1936. Zu diesem Zeitpunkt ist Bates im angelsächsischen Raum eine Berühmtheit. Der unmittelbar vor Ausbruch der Revolution erschienene Roman *The Olive Field* wird von den Kritikern gefeiert und von den nach Spanien strömenden englischsprachigen Freiwilligen als Einführungslektüre gelesen. Seine aktive Teilnahme an den Kämpfen fördert seinen Ruf als Abenteurer und Schriftsteller. Ähnlich wie bei André Malraux, mit dem er Ende 1936 in die USA reist, um für die Republik zu werben. Ihnen gelingt es, die von der Franco-freundlichen Hearst-Presse dominierte amerikanische Öffentlichkeit über den Konflikt zu informieren. Sie treiben Geld auf und werben Freiwillige an. Im Frühjahr ist Bates wieder in Spanien an der Front.

Sprecher Ralph Bates

Ich habe eigentlich nie tatsächlich mit der Waffe in der Hand gekämpft, außer wenn es sehr kritisch wurde. Meine Aufgabe war die des Troubleshooters, alle aufkommenden Probleme zu lösen. An der Jamara-Front mangelte es zum Beispiel an Koordination mit der Artillerie, die aus irgendwelchen Gründen jugoslawisch war. Die hatte altmodische Geschütze, meist britischer Herkunft, keine Ausbildung und schoss regelmäßig von hinten in die eigenen Reihen. »Das Gesetz der Streuung«, erklärten sie dann. Das stimmt schon, es gibt immer eine gewisse Abweichung von der berechneten Flugbahn. Sie mussten aber einfach weiter nach vorne rücken. Ich sollte sie dazu überreden. »Oh, dann werden wir getroffen.« »Nein, von weiter vorne könnt ihr besser den Feind treffen, statt uns.« Für eine solche Aufgabe brauchte man politisches Fingerspitzengefühl und einige militärische Kenntnisse. Die Offiziere konnten das nicht. Denen wäre sofort der Kragen geplatzt.

Erzähler

Im Sommer 1937 findet der *Zweite Internationale Schriftstellerkongress zur Verteidigung der Kultur und Demokratie* aus Solidarität mit der spanischen Republik in Spanien statt.

Ralph Bates tritt auf der Durchreise von einer Schlacht zur nächsten in Uniform als Leiter der britischen Delegation auf. Die als »Schriftsteller in Waffen« bezeichneten Intellektuellen, die hauptsächlich in den Internationalen Brigaden kämpften, waren unter all den angereisten Schriftstellern nur eine Minderheit, aber ihr Engagement prägt bis heute das Bild vom Einsatz der Intellektuellen gegen die Ausbreitung des Faschismus. Von den »Schriftstellern in Waffen« ist Ralph Bates mit Sicherheit der letzte noch lebende.

Sprecher Ralph Bates

Ich war ein Schriftsteller. Ich war ein Kämpfer, jung und gesund und als Revolutionär bekannt. Es war für mich ganz natürlich, diese Haltung in Uniform auf dem Kongress zu zeigen. Dort versammelten sich ruhige Akademiker oder Schriftsteller, die aus ihren kleinen Buden und Arbeitszimmern hervorkamen. Sie stimmten darin überein, dass Hitler eine Gefahr für die intellektuellen Strömungen der Welt war, weil unter Hitler niemand von ihnen mehr schreiben durfte, außer sie schrieben, was Hitler wollte. Die Intellektuellen Europas engagierten sich deshalb durchweg für die spanische Republik. Man kann sich heute kaum vorstellen, was wir damals alle fühlten, fast alle. Wir sahen den Putsch Francos als Beginn der deutsch-italienischen Expansion, vor der wir uns fürchteten.

Erzähler

Die westlichen Demokratien berufen sich auf ihre Neutralität und weigern sich, die spanische Republik zu unterstützen. Die faschistischen Regierungen von Deutschland und Italien sind Franco gegenüber nicht so zurückhaltend.

Damit wird die stalinistische Sowjetunion praktisch zum einzigen Waffenlieferanten der Republik. Stalin lässt sich das gut bezahlen, mit Gold und politischem Einfluss. Es kommt auf Seiten der Republik zu blutigen Auseinandersetzungen mit den immer stärker werdenden Kommunisten.

Sprecher Ralph Bates

Die Kommunisten sagten: Wir dürfen vorerst keine Revolution in Spanien vorantreiben, weil sonst das von der Sowjetunion angestrebte Bündnis mit Großbritannien und Frankreich gegen Nazi-Deutschland nicht zustandekommt. Deshalb keine Revolution, Enteignung von Grund und Boden für die Bauern kommt nicht in Frage. Die hatten sich das Land aber schon genommen. Die landlosen Bauern hatten keinen Augenblick gezögert und ihren Herren die Kehle durchgeschnitten. Überall.

Ich hielt damals die Position der Kommunisten für richtig. Wenn man alle, auch die bürgerlichen Kräfte in einer Volksfront gegen die Faschisten zusammenfassen will, kann man keine Revolution machen. Jetzt muss ich allerdings ehrlicherweise sagen, dass wir den Krieg wegen dieser Volksfrontidee verloren haben.

Nur mit einer Revolution, mit einer totalen Revolte, zu der Francos Putsch uns die Gelegenheit gab, hätten wir gewinnen können. Spanien war reif dafür. Die Tatsache, dass die einfachen Leute in allen Städten, außer vier oder fünf, die Armee ausschalteten, zeigt: Wir hätten es geschafft.

Aber was wäre anschließend passiert? Was passierte später in Nikaragua? Isoliert und auf die Gnade der kapitalistischen Welt angewiesen.

Ich habe damals aus ganzem Herzen für die Verteidigung der spanischen Republik gekämpft. Ich würde es nicht mehr im Bündnis mit der Kommunistischen Partei tun.

Erzähler

Für George Orwell, der bei einer trotzkistischen Miliz kämpfte, und nach seiner Rückkehr nach England öffentlich gegen Stalins Volksfrontpolitik in Spanien auftrat, hat Ralph Bates auch heute noch kein Verständnis, obwohl ihre Kritik fast identisch ist, aber auf den Zeitpunkt kommt es Ralph Bates an.

Sprecher Ralph Bates

Orwell war ein Mensch, der unfähig war, einer Sache zuzustimmen. Was auch immer man von Orwell liest, über was auch immer, er brachte immer Gründe vor, warum er mit etwas nicht einverstanden war. Das ist ein Verhalten, das ich bei vielen parteilosen Leuten festgestellt habe. Sie alle unterstützten Spanien, aber fanden immer Gründe, weshalb sie die Politik der Regierung nicht billigen konnten.

Nun, Krieg vereinfacht alles. Entweder gewinnen wir oder die anderen. Man kann dann keine feinen Unterscheidungen machen von der Art: Ich würde euch ja unterstützen, wenn ihr dieses und jenes nicht machen würdet. So etwas funktioniert nicht in Kriegszeiten. Endlose Kritik, Kritik aus sicherer Position. Sie waren nicht an der Front. Es hat mich immer geärgert, wenn mir irgendetwas vorgehalten wurde von jemandem, dem man leicht den Vorwurf machen konnte, ihm sei es wichtiger mit heiler Haut davonzukommen, als für seine Überzeugungen einzutreten.

Erzähler

Während George Orwell, der verwundet nach England zurückkehrte, schon seinerzeit kritisierte, wie die Kommunisten Macht und Einfluss gewannen, äußert Bates diese Kritik erst aus der Distanz.

Sprecher Ralph Bates

Die besten Kampftruppen in der spanischen Armee waren die kommunistischen Regimenter. Aus einem ganz einfachen Grund. Waffen waren in allen Regimentern immer knapp, außer in den kommunistischen. Na klar! Die Waffen kamen alle aus der Sowjetunion. Wo wurden sie verteilt? Wer konnte sich zuerst bedienen? Die Kommunistische Partei natürlich. Wenn Männer kamen, die gegen Franco kämpfen wollten, Antifaschisten, keine Kommunisten, gingen sie zu den verschiedenen Einheiten und mussten hören: »Leider haben wir nicht genug Waffen.« Um die Ecke im Büro der kommunistischen Einheiten bot man ihnen sofort ein Gewehr an.

Es gab nie eine wirklich gute, kämpfende Armee. Nur gute Kampfgruppen, die Kommunisten und die Anarchisten. Die Anarchisten waren jedoch schlecht organisiert und hatten keinen Sinn für Strategie und Kampfeinsatz.

Erzähler

Unmittelbar nach dem Schriftstellerkongress zieht Ralph Bates mit der Abraham-Lincoln-Brigade in die Schlacht von Brunete. Ein russischer General verheizt die Truppe. Von über sechshundert Kämpfern überleben nur vierzig.

Sprecher Ralph Bates

Nach der Schlacht von Brunete bekam ich Schwierigkeiten mit dem russischen General. Er war falsch und verlogen. Er hatte die Schlacht geplant. Er selbst kämpfte nicht und war selten nüchtern. Wegen irgendetwas wurde ihm das Kommando entzogen, aber vorher versuchte er noch, mich zu verhaften. Das gelang ihm nicht. Er nahm mir aber die Waffe ab, was kein größeres Problem war, weil ich mir einfach eine neue geben ließ. Das wurde ihm zugetragen. Jetzt bestand die Gefahr, dass sich der oberste Kommandeur André Marty einmischen würde. Der war immer auf der Seite der Russen und ließ reihenweise Leute aus Angst vor Spionen erschießen. Damit das nicht auch mit mir passieren konnte, sorgten meine Freunde in der Führung dafür, dass ich nach Mexiko versetzt wurde, um dort Waffen zu besorgen.

Für die Versetzung gab es sogar eine gesetzliche Grundlage. Die Regierung hatte angesichts der vielen im Kampf gefallenen Schriftsteller angeordnet, dass Schriftsteller nicht mehr an die Front dürfen. Das gefiel mir überhaupt nicht. Ich wollte nicht nach Mexiko. Was sollte ich dort, verdammt noch mal!

Erzähler

Auf dem Weg nach Mexiko trifft er in Paris eine Gruppe deutscher Kommunisten, die ihm beim Essen ganz beiläufig und belustigt erzählen, dass sie deutsche Trotzkisten an die französische Polizei verraten, die diese dann über die Grenze an die Gestapo ausliefern. Ihm wird schlecht bei der Vorstellung, diese Kommunisten könnten an die Macht kommen. Aber trotzdem tritt er öffentlich weiterhin für die Volksfrontregierung unter kommunistischem Einfluss ein. Erst nach der endgültigen Niederlage der spanischen Republik, anlässlich des Hitler-Stalin-Paktes kündigt er 1939 öffentlich seine Unterstützung der Kommunisten auf.

Sprecher Ralph Bates

Ich steige aus. Ich werde wohl vom fahrenden Zug springen müssen und die Passagiere in den hinteren Wagen werden sicher im Vorbeirattern auf mich schießen. Ich hatte gedacht, der Zug fahre in ein fruchtbares Land in der Sonne, aber herausgefunden, dass er in den arktischen Norden rast, wo er unter mächtigen Schneewehen begraben und auf alle Ewigkeit ruhen wird.

Erzähler

Ralph Bates war nie KP-Mitglied, kannte weniger marxistische Literatur als ein Politologie-Student heutzutage, hatte für die Ideologie nichts übrig, verbündete sich aber in Spanien mit den Kommunisten so sehr, dass er nachträglich diese Zeit ein Leben im roten Elfenbeinturm nannte. Ausgerechnet er, ein Schriftsteller, der in seinem Werk bewusst auf Heroisierung und Beschönigung verzichtete, der nicht belehrte, sondern von der wirklichen Welt erzählte, den seine Beobachtungsgabe vor Klischees bewahrte, der stolz war, auf keinen Fall zu den Intellektuellen im weißen Elfenbeinturm zu gehören, ausgerechnet er hat sich in den roten Elfenbeinturm der kommunistischen Intellektuellen verirrt.

Er zog sich daraus zutiefst enttäuscht zurück und verstummte.

Die in den vierziger Jahren im New Yorker Kulturleben einflussreichen Kommunisten waren für ihn dann »die Passagiere in den hinteren Wagen«. Sie schossen nicht mit Kugeln, sondern mit Worten. Seine Frau Eve, die er 1937 auf seiner Propagandatour durch die USA kennenlernte und 1940 heiratete, erinnert sich an diese Zeit.

Sprecherin Eve Bates

Er zog sich fast vollständig in sich selbst zurück, verkroch sich. Natürlich hat ihn das alles erschüttert und er war ohne festen Halt. Er hat sich eigentlich nie wieder von diesem Verlust erholt. Er hätte in dieser Situation nach Europa zurückgehen sollen. Die Atmosphäre in Amerika war, soweit es ihn betraf, vergiftet. Alles was er in Amerika geleistet hat, richtete sich jetzt gegen ihn. Er baute sich nie eine andere, eine eigene Umgebung auf, was er in Europa getan hätte.

Malraux hörte auch auf Romane zu schreiben. Nur Malraux wendete sich De Gaulle zu. Ralph verlor die eine Sache, aber wendete sich nicht etwas anderem zu, wie es Malraux tat und dabei als Persönlichkeit weiterlebte. Das war eben Malraux. Ralph zog sich als Persönlichkeit zurück und wurde ein kleiner Universitätsprofessor, der ein beständiges Leben führte.

Ralph ist eine merkwürdige Mischung aus zwei Charakteren. Er kann sehr offen über sich sprechen, sogar angeben, aber sich auch vollkommen verschließen und zurückziehen. Er zog sich zurück. Er fühlte sich abgelehnt und zog sich zurück. Die Leute waren irritiert. Sie wussten nicht, ob er schon tot war oder noch lebte.

Eine andere Sache ist seine Identität als Engländer oder als Amerikaner. Die Engländer betrachteten ihn nicht mehr als einer der ihren. Die Amerikaner sahen ihn nie als Amerikaner. Er hatte auch nie etwas mit der amerikanischen Literaturszene zu tun, mit niemandem. Nur mit seinem Verleger, nie mit anderen Schriftstellern.

Erzähler

Zum 50. Jahrestag des Beginns des Spanischen Bürgerkriegs bringt 1986 ein englischer Verlag eine Taschenbuchausgabe von *The Olive Field* auf den Markt. Ohne Erfolg. Der letzte Versuch, Bates zu veröffentlichen findet in der DDR statt. Frau Dr. Behrend vom Anglistischen Institut der Humboldt-Universität kennt und schätzt Bates' Werk schon seit langem.

O-Ton: Behrend

Er bemüht sich nicht, eine politische Auffassung oder eine literaturtheoretische Auffassung weder eine romantische noch eine marxistische noch sonst eine Theorie über seine fiktionalen Schöpfungen auszuweisen. Für ihn geht es darum, die Gefühle und die Empfindungen, die er diesen Menschen gegenüber hat, ihren Problemen gegenüber hat, in die er sich hineindenken kann, darzustellen. Das gelingt ihm in einer – wie ich meine – exemplarischen Weise. Mehr als es vielen anderen dieser Schriftsteller gelingt. Selbstverständlich gehörten seine Auffassungen, seine Ängste, seine politischen Meinungen so sehr damals zu seiner Persönlichkeit, dass sie natürlich zum Tragen kommen. Sie werden niemals bestimmend für die Struktur des Dargestellten, sondern das Dargestellte lebt aus seiner eigenen Struktur.

Erzähler

Anfang der achtziger Jahre ist ihrer Meinung nach die Zeit für eine Veröffentlichung in der DDR reif. *The Olive Field* kommt wegen des Umfangs von vierhundertfünfzig Seiten nicht in Frage. Sie stellt einige Kurzgeschichten zusammen und sucht einen Verlag.

O-Ton: Behrend

Ich habe 1983 zum ersten Mal mit dem Kiepenheuer-Verlag in Leipzig Verbindung aufgenommen. Die waren auch ganz angetan, aber nun handelte es sich um einen lebendigen Autor, der also Devisen benötigte. Ich habe dann 1988 einen Herausgeberinnenvertrag bekommen. Dann allerdings ist es recht flott vor sich gegangen und das Buch war also 1989 druckreif. Aber diese sechs Jahre hat es gebraucht, um hin und her zu korrespondieren, mit Bates und mit Möglichkeiten, auf was für eine Art und Weise hier die Bezahlung der Tantiemen erfolgen sollte.

Erzähler

Aus der Veröffentlichung wird dann nichts. Die Wiedervereinigung kommt dazwischen. Der neue Eigentümer des Verlages aus dem Westen hat kein Interesse an Ralph Bates.

Im Sommer 1996 findet im Deutschen Historischen Museum in Berlin die Ausstellung *Kunst und Macht im Europa der Diktatoren 1930 bis 1945* statt. Helma Schleif, die Organisatorin des Begleitprogramms, das den Spanischen Bürgerkrieg zum Thema hat, erfährt von meinem Interview mit Ralph Bates und lädt ihn zu einer ihm gewidmeten Veranstaltung ein. Trotz seiner sechsundneunzig Jahre kommt er Anfang Juli nach Berlin. Presse und Fernsehen berichten, Verlage interessieren sich für sein Werk.

Sprecherin Eve Bates

Was ihm in seinem Leben am meisten Sorge bereitete, ist seine Karriere als Schriftsteller. Es gibt nichts, woran ihm wirklich etwas liegt, außer eben an seiner Karriere als Schriftsteller. Den Verlegern macht er keine Vorwürfe. Er weiß aber nicht, woran es liegt. Er versucht, nicht zu verbittern, er will nicht verbittern. Ich meine, das ist gut so.

Erzähler

Ralph Bates genießt es sichtlich, nach fast sechzig Jahren Schweigen gefragt zu sein. Er gibt unermüdlich Interviews und hinterlässt eine Ahnung davon, warum die Spanier ihn »El Fantastico« nannten. Bei der Ankunft konnte er nur mit Hilfe aus dem Rollstuhl ins Auto steigen. Beim Abflug schwingt er sich allein vom Auto in den Rollstuhl.

Sprecherin Eve Bates

Es ist schon ein Höhepunkt ... eine Art Höhepunkt, dass ihm jetzt etwas Anerkennung widerfährt. Warum wird er nicht von England gewürdigt? Denken Sie nicht, das wäre der richtige Ort, jetzt zum sechzigsten Jahrestag des Bürgerkriegs?

Erzähler

Ralph Bates ist ein sehr nachdenklicher Mensch. Er hat keine fertigen Antworten. So sehr er darüber grübelt, warum der Kampf in Spanien verloren ging, verloren gehen musste, sein Engagement zieht er nicht in Zweifel, obwohl er Revolution und Gewalt verabscheut. Für ihn ist die Demokratie das einzige System, das einen Kurswechsel ohne Blutvergießen erlaubt. Demokratie kann aber nur funktionieren, wenn die Menschen wissen, was ihre Beweggründe sind. Die Erforschung seiner eigenen Beweggründe bringt ihn wieder an den Anfang seines Lebens zurück.

Sprecher Ralph Bates

Ich denke, wenn man mich bitten würde, die Geschichte meines Lebens aufzuschreiben, müsste ich folgendes sagen. Als ich politisch aktiv wurde, war mein vorherrschendes Gefühl, zurückzukehren zu der einfachen christlichen Ethik, die der frühen Kirche zugrundelag. Sie war eine fast egalitäre Bewegung. Warum sich um Reichtum und Klassen scheren, wenn jeden Augenblick Christus zurückkehren kann und wir alle vor dem Richter stehen? Wozu Eigentum? Wozu all das?

ENDE

Ralph Bates

Compañero Sagasta brennt eine Kirche ab

Reportage aus den ersten Tagen des Spanischen Bürgerkriegs[1]

Ich war in einem kleinen Dorf in den Pyrenäen, Espot, in der Provinz Lérida, als die Miliz auftauchte. Sie waren alle Mitglieder der F.A.I., der anarchistischen Organisation, feine Kerle (und der Maßstab für unmögliche Tapferkeit muss künftig sein »tapfer wie ein spanischer Arbeiter«) und sich ihrer moralischen Überlegenheit sehr bewusst. Sie kamen in der Nacht in einem beschlagnahmten Kraftwagen und quartierten sich in dem Hotel ein, in dem ich wohnte. Innerhalb von fünf Minuten waren die Worte »Morgen werden sie die Heiligen verbrennen« in aller Munde. Und daraus war in der Frühe geworden: »*Wir* werden die Heiligen verbrennen«

1 (Originalfußnote der *Left Review*:) Zu diesem Beitrag vom spanischen Kriegsschauplatz schreibt uns Ralph Bates: »In Madrid, wo die marxistische Bewegung der vorherrschende Einfluss unter den Arbeitern ist, wurde von all den Hunderten von Kirchen nur eine abgebrannt. In Barcelona und Katalonien im allgemeinen ist die Iberische Anarchistische Föderation die stärkste Kraft.« Ralph Bates möchte die Formen, die der Antiklerikalismus angenommen hat, weder verzeihen noch verurteilen. Er möchte lediglich die Gefühle der spanischen Arbeiter erklären und dem Heldenmut Anerkennung zollen, den sie bei den faktischen Aufgaben des Zurückwerfens der aufständischen Soldateska gezeigt haben, eine Aufgabe, bei der Liberale, Marxisten und Anarchisten eine gemeinsame Front gebildet haben.

Man beachte, in Spanien sagt man nicht die »Bilder oder Statuen der Heiligen«, sondern die Heiligen *(los santos,* oder, in Katalonien, *els sants).*

Es war ein prächtiges Freudenfeuer. Eine kleine Fachkommission (ich war dazu ausersehen) stand an einer Seite des Tores und fällte das Urteil über die Heiligen, wenn sie herausgetragen wurden. Compañero Sagasta vertraut meinem Urteil.

»Der hier, Compañero?«

»Widerlich, verbrennt ihn.«

»Sehr wohl, Compañero.«

Wumm! Die Träger laufen zum Feuer, und St. Peter wirbelt einen Schwall von Funken auf.

»Die hier, Compañero?«

»Absolut ekelerregend, ins Feuer mit ihr.« (Warum scheinen weibliche Heilige an Dauerstörungen zu leiden, wie sie ihrem Geschlecht eigen sind?)

»Und der?«

»Hm, sieht ziemlich alt aus, ohne Leitmodell geschnitzt; wahrscheinlich eine zweite Überlegung wert.«

»Sehr gut.« Der Heilige landet auf dem Rücken zwischen versilberten Kerzenständern, Büchern mit Pergamentrücken, in die man vielleicht Schulbücher binden kann, Glühbirnen, Leinenzeug, das für Verbände taugt, und, kurz gesagt, allem, was möglicherweise künstlerischen oder profanen Wert hat.

Dieser unauffällige Kerzenständer zum Beispiel: als er herauskam, schrie ich: »Eh, bringt den her!«

»Das ist nur Eisen.«

»Nur Eisen! Lieber Gott, das ist reine katalanische Arbeit des fünfzehnten Jahrhunderts; seht, keine Nieten, keine

Klammern, alles unter dem Hammer verschweißt und gezogen.«

Die Bilderstürmer stellten den Kerzenständer ehrerbietig beiseite, ehrerbietig, sage ich, denn ein Compañero hat gesagt, das ist Kunst, und da sie deren ermangeln, eilen sie in die Kirche, um die nächste Trophäe zu erbeuten.

»Also hier, was sagst du *da*zu?«, sagen sie und schleppen eine buntbemalte Figurengruppe der Heiligen Familie heraus. Ich denke, Mr. Belloc[1] hätte diese Gruppe verbrannt.

Auf dem Weg zum Hotel, um einen Drink zu nehmen, frage ich einen alten Mann, von dem ich wusste, dass er ein leitender Katholik war, was er von der Verbrennung halte. Seine Worte mäßigend, zweifellos weil die F.A.I. in der Nähe war, antwortete er: »Oh, man tanzt, wie die Musik spielt, Señor.«

»Aber sagen Sie, wenn Sie von Grauen und Gram gepackt sind, und Ihre Seele ist eine Flut von Tränen, zeigt sich dann gar nichts auf Ihrem Gesicht? Drehen Sie sich eine Zigarette und bitten Sie Compañero Sagasta, den Kirchenanzünder, um Feuer?«

In der Hotelhalle sagte Compañero Sagasta persönlich zu dem Inhaber: »Señor, sind Sie sicher, dass Sie in Ihrem Haus keine Heiligen haben? Wenn Sie sie nicht herausbringen, werde ich Sie mit 100 Peseten Strafe belegen.«

1 Anspielung auf einen Streit zwischen dem Schriftsteller H. G. Wells und dem römisch-katholischen Historiker Hilaire Belloc. Wells stellte in dem 1920 veröffentlichten Buch *The Outline of History,* auf deutsch 1928 erschienen als *Die Weltgeschichte,* den Fortschritt der Menschheit als einen unvermeidbaren Aufstieg aus der Dunkelheit religiösen Aberglaubens zum Licht der wissenschaftlichen Utopie dar, wogegen sich der Katholik Belloc verwahrte.

»Nein, Señor, wir haben keine Heiligen.«

»Bueno, ich sollte vielleicht sagen, wenn Sie jetzt einen herausbringen, werde ich Sie zu 200 Peseten verdonnern müssen.«

»Señor, es ist nicht ein einziger Kopf eines Heiligen in diesem Hotel.«

Der Anarchist lächelt und legt die Hände auf die Mündung seiner Muskete. »Da bin ich aber sehr froh, Señor, denn nunmehr müsste ich Sie zu 500 Peseten verurteilen.«

Der Inhaber überlegt sichtlich, wirft in simulierter Verärgerung einen Arm hoch und verschwindet in seinen Privatgemächern. Mit einer hölzernen Jungfrau Maria im Schlepp taucht er wieder auf; wie ein Kind eine Lumpenpuppe zieht er sie hinter sich her. »Die hatte ich vergessen, sie gehört meiner Frau.«

Der Anarchist lächelt nicht einmal. »Fünfhundert Peseten, bitte, Señor.«

»Fünfhundert!«, flüstert der Inhaber und eilt zum Feuer und verbrennt seine Jungfrau. Die Strafe ist 500 Peseten, trotzdem.

Ich ging zurück zu der Kirche, wo, in den Schatten in der Höhe des Altarraums, schwarze Gestalten am Retabel herumschlichen (einer Zierplatte an der Rückwand des Hochaltars, hier aus goldbelegtem Stuck). Sie brauchten eine Stunde, um den Altarrücken abzulösen, und dann, mit wildem Schrei, rannte alles nach draußen. Die F.A.I. nahm Zuflucht im Taufraum, wo ich rauchte. Ein berstender Knall, und eine Säule aus braunem Dreck schoss hoch aus dem Freudenfeuer, hinweg über ein Kartoffelfeld und hinab zur Escrita, einem Gebirgsbach, wo sie den weißen Schaum auf den Steinen verfärbte.

»Man könnte sagen, die Kirche ist heilig, aber dass sie sauber ist, kann man nicht behaupten«, sagte der Anarchistenführer, durch den Torspalt hinausspähend.

Regen verdarb am Ende das Freudenfeuer, aber alle Bauern, Kuhhirten, Schäfer, Bergseefischer und Milizionäre sitzen an der Mauer und beobachten es, stundenlang. Zuweilen springt ein Mann auf und befördert mit einem Fußtritt einen hölzernen Kopf zurück in die Glut. Allmählich beginnen sie von den Schafen Aragoniens zu sprechen, den traditionellen Wanderherden, die im Sommer hier weiden. An jenem Abend spielten meine Hände auf dem Verhandlungstisch im Rathaus des Dorfes mit einer versengten Pergamentrolle. Ich öffnete sie, es war eine Heiratsurkunde von 1760 in schlecht lesbarem, aber imposanten Latein, worin der Tauschwert für eine Braut festgelegt war.

Man muss sich versenken in die Vorstellungswelt Spaniens, um sie so zu fühlen wie ich oder wie ein Spanier sie empfindet. Zwei Tage vor dieser Verbrennung in Espot war ich in den Verzauberten Bergen[1], gewesen, etwa acht Meilen oberhalb des Dorfes, wo ich oberhalb des St. Mauricius Sees[2] auf einem Vorberg kampierte. Zwei Kuhhirten waren die einzigen Gefährten, die ich hatte, ungebildete Männer, mit unverfälschten Vorstellungen, also echte Spanier.

»Was geht da unten vor in den Ebenen?«, fragte ich sie.

»Oh, das ist eine Sache von Hauptmännern und Fürsten«, sagte der Kuhhirte.

»Und Bischöfen.«

»Ah, die Bischöfe sind ein hartes Volk, und mutig.«

1 Los Encantados, katalanisch: Els Encantats.
2 Lago de San Mauricio, katalanisch: Estany de Sant Maurici.

In diesem Gesprächsfetzen hat man das ganze alte Spanien. »Hauptmänner und Fürsten.« Er wusste natürlich, dass Spanien eine Republik war, aber die alte Formel diente noch immer zur Beschreibung dieses konfusen Klassenkampfes. Und die Bischöfe, die er beschrieb, waren vermutlich nicht die rücksichtsvollen, nachsichtigen Gentlemen, wie man sie in England antrifft. Man muss ein Gefühl für Legende in seine Vorstellung bekommen, um der Qualität dieser Ereignisse innezuwerden. Einfach weil sie eine Geschichte ungebrochener Leidenschaft ist, steht sie gewissermaßen über der Leidenschaft; oder Leidenschaften werden für selbstverständlich genommen und folglich nicht mit Erstaunen empfangen, dieser modernen und kindischen Zuspitzung natürlicher Neugier. In Spanien gibt es zu allen Zeiten ein Gespür für das Schicksalhafte oder, besser gesagt, für das Unausweichliche, und das ist es, was diesen Krieg so verbissen macht; es ist etwas, was Vernunft nicht mäßigen, Gefühl nicht besänftigen kann. Wer seufzt schon wegen einer Aspidistra, wenn der Pinienwald lodert?

Ich beobachte diese Männer in der Nacht, wie sie, übermüdet vom Wachen, um ein Holzfeuer hinter ihrer Barrikade sitzen, und mich beschleicht das Gefühl, dass ganz im Grunde des Anarchismus der Glaube liegt, dass Anarchismus unmöglich ist, edel zwar, gerecht und schön, aber unrealisierbar. Das ist wieder die Tradition des Schicksalhaften. Ich denke, es ist dieser tiefe Sinn für Tragödie, der dem Anarchismus eignet und seine Anhänger so verzweifelt macht in ihrem Mut. Diese Bilderverbrenner – einer oder zwei von ihnen hatten Schnittnarben auf den Gesichtern, genähte Platzwunden aus früheren Schlachten, vielleicht von Folterungen. Wahrscheinlich sind sie jetzt tot, denn Tausende ihres Glaubens sind an der aragonesischen Front getötet worden.

Und als an jenem Sonntagmorgen in Barcelona die rebellischen Soldaten ihre Kaserne verließen und gegen die schlafende Bevölkerung marschierten, trafen sie auf Horden von Arbeitern, den *Mob*, halb angezogen, schlecht oder gar nicht bewaffnet, durch irgendeine seltsame aufständische Telepathie aus den Häusern gerufen. Das Militär eröffnete das Feuer aus Karabinern, Maschinengewehren und Geschützen, und dieser *Mob* ging mit Messern, Stöcken, Steinen, kleinen automatischen Pistolen und hier und da einem Gewehr auf die Soldaten los; oder griff sie mit bloßen Fäusten und Zähnen an und putzte sie weg …

Man mache sich ein Bild von dem Drama. Der Paseo de Colón ist eine lange Allee mit Dattelpalmen, an dessen einer Seite die Hafenlagerhäuser und die Bahngeleise für den Gütertransport liegen. Auf der anderen Seite Geschäfte, Schiffsausstattungs- und Maklerfirmen, öffentliche Verwaltungsgebäude, die Hauptpost und die Militärkommandantur. An der Kommandantur haben fünfhundert vollbewaffnete Soldaten Stellung bezogen und feuern die lange Allee hinunter; etwa zwölf Maschinengewehre, drei oder vier Geschütze (die Zahl ist strittig), Kaliber zwischen drei und vier Zoll.

Der Angriff beginnt ziemlich weit unten an der Straße, die Arbeiter schleichen hinter den Mauern entlang, die den Geleisekörper von der Straße trennen, und feuern durch die Geländer. Einige laufen auf den Lagerhausdächern, einer fällt erschossen auf einen Waggon mit Schmierfettfässern. Plötzlich brechen die Arbeiter aus einer Einfahrt hervor und tauchen zwischen den Palmen auf. Alle Maschinengewehre, Karabiner *und Geschütze* eröffnen zugleich das Feuer. Die Menge kommt brüllend die Straße herauf, Hunderte fallen, die Granaten reißen Gassen durch sie, Kugeln klatschen in die Stämme der Palmen, Fensterscheiben klirren und Stein splittert unter den Einschlägen der MG-Garben.

Sie erreichen die Linien des Militärs, und unbewaffnete Männer springen die Schützen an, ringen mit ihnen, würgen sie, zerren sie zu Boden und erstechen sie mit Messern. Männer hechten sich auf die Maschinengewehre wie Footballspieler und stürzen sie mit den Händen um, treten, fluchen, reißen mit Fingernägeln, hämmern mit Pflastersteinen den Soldaten die Hirne heraus. Die Soldateska löst sich auf, doch bevor sie sich zurückziehen kann, ziehen Gruppen von Arbeitern die Geschütze herum, und aus zehn Schritt Distanz zerschmettert eine Granate ein Tor der Kommandantur. Andere, da sie nicht wissen, wie zu zielen ist, schicken ihre Granaten nach oben in die Fassade, wo ein Pfeiler bricht, ein Sims herabstürzt. Der *Mob* ergießt sich mit erbeuteten Waffen in die Kaserne, und ein Dockarbeiter und sein Kumpel taumeln, aus Brusthöhe schießend, mit einem Maschinengewehr die Treppe hinauf. In einem anderen Flügel stecken bewaffnete Soldaten in einem Raum in der Falle, und vier Anarchisten feuern auf sie durch offene Türen; zwei Überlebende rennen den Korridor entlang und eröffnen das Feuer mit einem Maschinengewehr über den Kasernenhof hinweg.

Plötzlich Stille. Im Handumdrehen bringt der *Mob* die verlassenen Geschütze zum Zentralplatz, der Plaza de Cataluña, wo das Militär sich im Hotel Columbus verschanzt hat. Männer und Frauen, endlich bei uns, strömen bereits aus den

Seitenstraßen. Ein Jugendlicher presst sich an den Bauch einer nackten Statue, und mit dem Unterarm auf ihrer Brust feuert er aus einer winzigen Pistole. Ein anderer liegt mit einem billigen Revolver neben dem Brunnenbecken. Sobald die Arbeiter eintreffen, stürmen sie das Hotel. Wieder das gleiche Drama, Dutzende fallen. Aber jetzt haben sie Waffen und *Bomben*. Das Tor bricht zusammen, und die Schlafzimmer, Säle und Korridore füllen sich mit rasenden Männern, die mit Stühlen, Eisenstangen, Messern und Gewehrkolben auf Faschisten losgehen. Faschisten werden lebendigen Leibes aus Fenstern oder in Fahrstuhlschächte geworfen oder in ein Badezimmer getrieben; eine Bombe wird ihnen nachgeschleudert.

Wieder tritt Ruhe ein, und die Menge strömt davon zu einer anderen Kaserne. Gegen zwei Uhr nachmittags, mit vielleicht zwölfhundert Toten und Verwundeten, ist die Innenstadt ruhig, in den Händen der Arbeiter. Gegen drei zeigen zwanzig schwarze Rauchsäulen an, welche Seite gesiegt hat, für den Fall, dass jemand es noch nicht wusste. Nur die Kirchen von architektonischem Wert bleiben übrig in Barcelona; Sta. Maria del Pino[1] wird allerdings irreparabel beschädigt (würde ich meinen), aber es kamen Kugeln aus dieser Kirche. Das Augustinerkloster ebenso, und vier Mönche sind tot, aber das musste für das Gewehrfeuer seiner militärischen Gäste in Kauf genommen werden. Der klassische Refrain in Barcelona lautet jedenfalls: »Bedauerlich ist nicht, dass es ein Kloster oder vier Mönche weniger gibt, sondern dass es einst so viele gab.«

1 katalanisch, Basílica de Santa Maria del Pi. In den 1950er Jahren wurde die ausgebrannte Kirche wieder restauriert.

Es ist die legendäre heroische Qualität dieses Kampfes, die ich klarzumachen suche, nicht seine Gewalt. Seine Plötzlichkeit, Schärfe und Entschiedenheit (denn jetzt ist Barcelona durchaus friedlich) ist eurem angelsächsischen Gemüt fremd. Aber hier in Katalonien erwarten wir diese Dinge. Man gibt ein bisschen an, man beleidigt den besiegten Feind mit klassischer Rhetorik, man feiert leise auf den Straßen; aber es *ging* nicht anders, man musste sich aus dem Bett erheben, sich die Hose anziehen, der Frau sagen, sie solle die Reservemagazine füllen, und dann musste man schleunigst hinaus, um zu sterben – aller Wahrscheinlichkeit nach; oder um zu töten, das aber dann fanatisch, schonungslos; und um am folgenden Abend zu tanzen, unter den Palmen hinter seiner Barrikade einen ernsten, gemessenen Tanz zu tanzen.

Warum also erscheint das Abbrennen von ein paar Kirchen seltsam oder, vielleicht eine verblüffende Frage, warum erscheint es irreligiös? In *The Olive Field* habe ich gesagt, die Psychologie des Anarchismus sei religiös. Sein tragischer Mut, seine totale Selbstlosigkeit, sein Sinn für Drama, seine Anbetung der Aktion, sein fanatischer Glaube an den Mythos (denn diesen Ausdruck benutzen sogar Theoretiker wie Sorel[1]), seine brennende, ich sage brennende mystische Liebe zu seinen Anführern, sein

1 Georges Eugène Sorel (1847–1922), französischer Philosoph und Theoretiker des Syndikalismus. Insbesondere das 1908 erschienene Buch *Réflexions sur la Violence,* deutsch: *Über die Gewalt.* (Suhrkamp) Frankfurt a. M. 1969, wird als eine wichtige Inspirationsquelle für die Legitimation von Gewaltanwendung durch linke und rechte revolutionäre Bewegungen gesehen.

fragloser Gehorsam, seine subtile und erstaunliche Intuition, all das, es ist offensichtlich, enthüllt, dass Anarchismus eine Religion ist. Lebt man so für eine Lohnerhöhung? Springt ein Mann gegen feuernde Kanonen für bessere sanitäre Anlagen?

Die Spiritualität des durchschnittlichen Priesters, so scheint es Compañero Sagasta, ist im Vergleich zu seinem eigenen makellosen Mystizismus ein vulgärer Materialismus; im Vergleich zu der Liebe seiner Anhänger scheint sie noch weniger zu sein.

Aber, so wird man sagen, das Kirchenabbrennen kann man auch anders sehen; kann man, doch ich werde nur über die Aspekte schreiben, die ein Spanier sieht.

Die Kirche, die ich in *Lean Man* beschrieb, jene Kirche, die aus irgendwelchen himmlischen Sparsamkeitsgründen gleich zwei Heiligen geweiht ist, St. Pastor und St. Just, ist eine der ältesten Kirchen in Barcelona. Vor ihr gibt es einen mit Kopfsteinen gepflasterten Platz, einen soliden Steinbrunnen, an einer Ecke mit Efeu und Farn drapiert, zwei Steinpoller, die sie vor der Annäherung von Pferden schützen. Um St. Pastor und St. Just herum sind die Gassen eng; hohe Häuser schließen das Licht aus, und man könnte von Balkon zu Balkon über die Gassen springen. Es ist ein schöner Ort, und leicht anzugreifen.

Wenn sie so schön ist, sagen Sie, dann scheint sie doch wie geschaffen zum Abbrennen. Doch sie steht unversehrt. Von ihrem Dach aus kann der Feind mit seinen Trupps keine Straßen beherrschen, sie sind zu eng. Die Häuser sind hoch genug, um uns den gleichen Vorteil zu geben, den er selber hat. Deswegen ist St. Just *nie* das Zentrum von Kampf gewesen. Es gibt an dieser Stelle keine Gefechtstradition, da Füße sich instinktiv nicht dort hinwenden, wenn Gewehrfeuer zu hören ist.

Und dann wieder dies: der Anarchismus spiele das Wort »Kultur« groß aus, heißt es – nein, schaut euch den Anarchismus von innen an! Wir leben miserabel von fünfunddreißig Peseten die Woche, finden keine Frau, die uns liebt, wie ein Mann geliebt werden sollte, mit Herz und Verstand – sie werden von der Kirche beherrscht, so dass wir auf das Bordell angewiesen sind; oder wir heiraten aus Verzweiflung, wir leben im Dreck, wir hungern, wir werden verachtet, unsere Herren blicken herab auf uns. Dann kommt die begeisternde Lehre, der verhängnisvolle Traum; durch Kampf und Kultur, wenn überhaupt, könnten wir frei sein. Wir quetschen uns in den Konzertsaal auf dem Montjuich, um Pau Casals und sein Orchester zu hören, denn die erste Revolution hat uns billige Musik gebracht. Vielleicht können wir weitermachen! Wir kaufen kleine Broschüren, Bücher aus zweiter Hand, wir hören Vorlesungen über Kunst. Architektur ist eine der Künste, und St. Just ist eine schöne Kirche; so dass wir, wenn irgendein rücksichtsloser Barbar unter Ausnutzung einer Hintergasse Feuer an die Tür der Sakristei legt, unsere Compañeros herbeirufen und das Feuer löschen. Zum Beweis gibt es die Hintertür von St. Just!

Da ist die Kathedrale, und versteckt darin sind 60 Millionen Peseten von Christi mittellosen Jüngern (mittlerweile gefunden, am 2. September). Die Kirche protegiert und fördert Kunst; geht in die nächste katholische Kirche und schreibt mir ebenso wahrhaftig wie ich euch geschrieben habe. Oder kommt her und steigt hinauf zu unserem Museum auf dem Montjuich und schaut euch an, in welchem

Zustand die Kirche die großartigen primitiven Gemälde erhalten hat, oder die Fassade, die Dinge des Rituals. Oder marschiert zu Fuß nach Toledo, über diese gleißende Ebene, wie ich es getan habe, und schaut euch die Grecos an und seht, wie diese Kirche Kunst bewahrt hat. Da fährt ein Lastwagen, Compañero Sagasta als Wächter über verschmutzte, verstaubte Schätze aus der lichtlosen Kathedrale, unterwegs zu den Museen.

Und beachtet, mit welcher Höflichkeit die Kirchen abgebrannt worden sind! Man sollte meinen, dass auch die flankierenden Häuser abgebrannt sind (denn viele davon sind Teil eines Straßenzugs, da sie keinen isolierenden Raum um sich haben). Doch das ist nicht der Fall. Compañero Sagasta klopft an die Türen der Nebenhäuser, und der Hauswirt kommt heraus, ohne Furcht. »Einen guten Abend dir, Compañero.«

»Sei doch so gut und bitte deine Leute nach draußen. Wir werden die Kirche abbrennen. Und mögest du gute Abende haben.«

»Sehr wohl, gib uns zehn Minuten, Compañero.« Vielleicht lässt Compañero Sagasta ein paar Löschzüge kommen und bittet die Feuerwehrleute, in Bereitschaft zu stehen. Dann erst werden die Benzinkanister über den aufgetürmten Bänken, Stühlen, Heiligen und Messgewändern ausgeschüttet. Stück für Stück fällt das Dach ein, und die Flammen ersterben. Schließlich fahren die zweihundert Compañeros, die die Häuser geschützt haben, nach Hause oder suchen eine andere Kirche oder bemannen die Barrikaden. Morgen werden sie nach Saragossa abziehen, um auf bebendem Feld heiße Gewehre zu halten. Es gibt keine Raserei, keine Verstimmtheit, keine Ansprachen, keine brüllenden Horden.

Sehr behutsam, um Señora Fuster nicht zu ängstigen oder ihr Haus zu beschädigen, brennt Compañero Sagasta höflich die Kirche ab, mit derselben Höflichkeit, mit der die Amerikaner vorgehen, wenn sie einen schwarzen Tempel des Heiligen Geistes lynchen.

Doch *warum* überhaupt dieser Antagonismus? Ich habe kaum die Geduld, euch zu antworten. Hier, die ersten zwei Bücher in meinem Regal: »1680, der authentische Bericht von der Ketzerverbrennung, zelebriert auf der Plaza ... zu Madrid. Nihil obstat imprimatur.« Und hier der Neue Katechismus von 1914, in 14. Auflage, verlegt hier in Barcelona von einem Mann, den ich kannte, ein Buch, das in jeder Kirche vorhanden war.

Frage: *Was für eine Sünde begehen diejenigen, die liberal wählen?*

Antwort: *Gewöhnlich eine Todsünde.*

Da, auf diesem Aschenhaufen liegt ein angekohltes Bild von der Hölle, zu der die Todsünde dich verdammt; oder deine verängstigte Frau. Die Straße ist heller und reiner, so scheint es Compañero Sagasta und mir, wenn die Kirche abgebrannt ist. Vielleicht können wir jetzt vernünftig mit unseren Frauen streiten.

Genug davon, alle Männer kennen das. Der Erzbischof von Burgos, gehört er nicht dem Komitee der Faschisten in Portugal an? In Sicherheit, indes der Bodensatz des Mohammedanismus[1] die Unbefleckte Braut Christi mit Ver-

1 Der Aufstand gegen die legitime Regierung Spaniens ging vom Militär in Spanisch-Marokko aus, der spanischen Kolonie an der Nordküste Marokkos. Die Truppen der Putschisten unter dem katholischen General Francisco Franco bestanden zum großen Teil aus den sogenannten »moros«, den marok-

gewaltigung und Tod und Blei und Feuer verteidigt. Vor mir habe ich eine Photographie von sechs Männern, die wie der Herr Jesus Christus gekreuzigt und mit Feuern zu ihren Füßen verbrannt wurden. Vielleicht ist Compañero Sagasta einer von ihnen.

Wenn wir in der Kathedrale von Malaga 12 Millionen Peseten finden, wenn wir den Bischof von Jaén um die anderthalb Millionen Peseten seiner fliehenden Schwester erleichtern, wenn wir 10 Millionen Peseten in Vich entdecken (obschon unter den Hunderten, die wir töteten, gerade *ein* Priester war), wenn wir in Barcelona 60 Millionen in der Sakristei ausgraben, wenn wir uns 8 Millionen von den Jesuiten holen, wenn wir Seine Kirche, die Kirche dessen, der nirgends Sein Haupt hinlegen konnte, ihres Silbers und Goldes berauben, wenn wir unser Brot geben und das Brot unserer Kinder, englische Compañeros, werdet ihr uns Gewehre *verkaufen*? Italienische Flugzeuge, von Peters Rom, brummen über unseren Köpfen.

---

kanischen Söldnern und Elitetruppen moslemischen Glaubens, die wegen ihrer Brutalität bei den republikanischen Truppen, die aus katholischer und moslemischer Sicht als gottlos galten, besonders gefürchtet waren.

Bibliografie

Romane und Kurzgeschichten

The Lean Men (1935)
The Olive Field (1936)
Rainbow Fish (1937)
The Undiscoverables (1939)
The Fields of Paradise (1941)
The Dolphin in the Wood (1950)
Sierra (1933)
The Miraculous Horde and Other Stories (Jonathan Cape, 1939, erweiterte US-Ausgabe als *Sirocco and Other Stories*, 1939)

Biografie

Franz Schubert (1934)